CHEZ LES VOISINS

IMPRIMERIE E. HEUTTE ET Ce, A SAINT-GERMAIN.

CHARLES DEULIN

CHEZ LES VOISINS

PARIS
A LA LIBRAIRIE ILLUSTRÉE
16, RUE DU CROISSANT, 16
(Ancien hôtel Colbert.)

A son ami A. Charligny

C. D.

Paris, le 15 avril 1876.

EN ESPAGNE

EN ESPAGNE

Les deux lettres qui suivent ont été écrites à propos de l'inauguration du chemin de fer du nord de l'Espagne.

I.

Madrid, le 18 août 1864.

Mon cher ami,

Vous devez me croire mort. Deux mots suffiront à m'excuser. Il est sept heures du matin, je me suis couché à une heure, c'est la première fois depuis mon départ de Paris que j'ai dormi dans un lit, et la première fois que j'ai pu trouver un bout de table et un moment de solitude. D'ailleurs, nous sommes convenus que je vous enverrai bien plutôt le récit à vol d'oiseau de mon voyage que le compte rendu des fêtes de l'inauguration. Or, pour raconter, il faut avoir eu le temps de voir.

Je ne vous dirai rien de mes impressions jusqu'à Morcenx. Ne pouvant dormir, j'ai fumé, lu, regardé le paysage, causé littérature avec deux vieux messieurs très-décorés, grands amateurs de théâtre et qui m'ont conté des particularités intéressantes sur Talma, Mlle Duchesnois, Mlle Georges, etc.

A Morcenx nous attendait un excellent déjeuner, offert par la Compagnie du chemin de fer. Il n'avait qu'un défaut, c'est d'avoir été mangé par un premier train d'invités, qui venait de quitter la gare. Les reliefs de ce festin, arrosés de quelques verres de bon vin blanc, ne laissent pourtant pas de nous réconforter.

Nous voici à Irun. C'est là que d'après le programme nous devons nous mettre en tenue de cérémonie.

Nous nous précipitons, au nombre de quatre à cinq cents, vers le vestiaire et les cabinets de toilette. Hélas ! le vestiaire est un mythe ; les cabinets de toilette ressemblent à des cabinets de bains : quatre planches et le sol.

On se dispute une vingtaine de cuvettes. Je parviens à en conquérir une ; on me la vole, j'en vole une autre, plus un pot à l'eau; il ne me manque plus que de l'eau.

Je cours à l'entrée des baraques ; je rencontre Auguste Villemot qui poursuit le même rêve.

— Par ici! me crie Villemot; j'ai découvert une fontaine.

Il fait jouer le robinet et un magnifique jet d'eau en sort, jaune et limoneux. Nous laissons là nos cuvettes et nous regagnons nos loges respectives.

Je trouve la mienne envahie par six personnages en habit plus ou moins brodé, qui se font la barbe en commun et trempent leurs blaireaux dans un seau à incendie. Je me déshabille, tout en pestant contre l'hospitalité espagnole.

— Vous êtes bien difficile! dit une voix sévère.

Aurais-je déjà marché sur quelque indigène ? Je me retourne et je reconnais la face léonine de Théophile Gautier. L'illustre poëte s'habillait avec la sérénité d'un homme qui a écrit *Tra los montes* et qui connaît tous les agréments d'un voyage en Espagne.

La cloche sonne, et je me précipite en bras de chemise dans le wagon. J'achève tant bien que mal de me vêtir chemin faisant. Tous les compartiments sont ainsi transformés en cabinets de toilette et encombrés par des gens aussi mal lavés les uns que les autres.

C'est la première fois qu'il m'arrive de dîner avec un roi, et je me serais mis à table les mains sales, si je n'avais précédemment eu la chance de rencontrer une fontaine à la gare de Bayonne.

Nous avons su plus tard la cause de cette maigre réception. Tout le matériel du vestiaire venait de Paris. Il avait été confié en temps utile au chemin de fer d'Orléans; mais, expédié par la petite vitesse, il n'était parvenu à destination qu'après notre passage.

II

En arrivant à Saint-Sébastien, nous avons sous les yeux un spectacle admirable : à l'horizon les montagnes bleues et à nos pieds, à dix pas de nous, l'Océan immense, calme et doux comme un enfant.

Il faut nous arracher à cet enchantement et nous rendre à la cérémonie. Je ne vous dirai pas quelle impression m'a produite le roi d'Espagne. Tous les Parisiens l'ont vu à l'heure qu'il est.

La cérémonie a été, à certain moment, d'un effet vraiment grandiose : c'est quand la locomotive, ornée de feuillage et pavoisée aux couleurs nationales, s'est approchée sans bruit, humble et soumise, pour recevoir la bénédiction du prêtre.

Nous passons dans la salle du banquet, salle immense, très-élégamment décorée, et surtout très-bien placée en face d'une petite baie. Cette charmante baie est sillonnée de barques pavoisées et bornée par des coteaux que domine la citadelle de Saint-Sébastien.

Cette vue ravissante nous aide à prendre patience, car le service ne se fait pas vite. Nous sommes sept cents convives, et Villemot, qui grignote son pain à quelques pas, prétend qu'il n'y a qu'un seul domestique.

Enfin le potage arrive, servi par de jolies filles aux yeux noirs, à la peau blanche et aux mouvements pleins d'une grâce piquante. J'ai en face de moi un général espagnol et un grand d'Espagne de première classe ; mon voisin leur adresse dans leur langue quelques mots auxquels ils répondent à peine. Il faut dire que nous devons avoir l'air, avec notre toilette sommaire, d'une bande de bohêmes égarés dans un salon de bonne compagnie.

Au bout d'une heure et demie, le roi se lève et tout le monde en fait autant. Il passe entre les tables et répond aux vivats par des saluts. On se promène, on se reconnaît.

Je ne vous nommerai pas les convives : la liste en serait trop longue. On remarque pourtant la présence de M. le duc et de Mme la duchesse de Persigny.

Je retrouve mes deux compagnons de route. A la manière dont ils semblaient posséder leurs classiques, je les avais pris pour des universitaires. Je demande leurs noms, et j'apprends que l'un est M. Lestiboudois, conseiller d'État, et l'autre, M. Marchand, sénateur.

C'est le moment de visiter Saint-Sébastien, une ville charmante, que je ne vous décris pas, attendu que nous ne sommes qu'aux portes de l'Espagne et que j'aurai bien d'autres choses à vous décrire.

Nous circulons parmi une foule de grands Basques coiffés du berret rouge ou bleu, portant la veste sur l'épaule gauche et aux flancs la ceinture rouge, — une race superbe et théâtrale. Quels magnifiques figurants pour le Châtelet !

Nous en voyons un certain nombre réunis en cercle. Quelqu'un s'avise de dire qu'ils vont exécuter une danse nationale. Nous approchons et nous entendons distinctement ces paroles : « Sept, huit... encore douze sous, messieurs..., neuf, dix..., encore dix sous ! » C'est un saltimbanque de la place de la Bastille. Que le diable emporte le misérable !

Avant de quitter Saint-Sébastien, je dois faire remarquer qu'il n'y avait pas un seul drapeau français à cette fête internationale. On m'a expliqué que les provinces basques paraissent vouloir se remuer, et que le gouvernement a craint de les exciter par la vue des couleurs françaises.

Le départ était indiqué pour cinq heures et demie : une heure après, le convoi n'avait pas encore quitté la gare. On attendait un ministre qui avait accompagné le roi jusqu'à Irun. Pendant ce temps nous avions le spectacle des demoiselles de l'endroit, qui venaient s'offrir complaisamment à nos regards charmés.

III.

Nous partons enfin, et nous entrons dans les Pyrénées au moment où la nuit les enveloppe de son manteau de velours bleu. Une lune splendide éclaire mollement les objets, et le chemin de fer nous mène assez lentement pour que nous ayons tout le temps de contempler la nature.

Le chemin de fer, quand il va de ce pas, est vraiment le meilleur mode de locomotion dans les montagnes. Vous y êtes assis comme dans une stalle d'orchestre, et le panorama se déroule devant vos yeux.

A chaque minute, selon que vous montez ou descendez, le spectacle change. Les pics, les ravins, les rochers et les villages qui s'épanouissent à leurs pieds, affectent des formes bizarres et fantastiques qui vous arrachent des cris d'admiration.

Mais, hélas! le dîner n'était plus qu'un souvenir lointain, et, si « ventre affamé n'a pas d'oreilles, » il n'a guère d'yeux non plus. Nous devions, d'après le programme, arriver à Vittoria à 9 heures 40 minutes, et à 9 heures nous étions tout au plus à mi-chemin.

Le convoi s'arrêtait quelquefois pendant une demi-heure loin de toute station, sans que nous pussions deviner les motifs de cette halte. J'ai su depuis que la voie n'était pas très-sûre et qu'on n'avançait qu'avec les plus grandes précautions. Nous assistions à la première représentation d'une féerie avec toutes ses lenteurs et toutes ses anicroches.

A dix heures on s'arrête à une gare et nous réclamons un buffet qui n'existe pas. On nous dit qu'il y a une *posada* (auberge) à cinq minutes de là, mais que le train stationne tout juste le temps d'y arriver.

N'importe ! nous partons à environ cinquante et nous mettons la maison au pillage. Nous ne trouvons que du pain, de l'eau, du vin et de l'*aguardiente* (eau-de-vie), mais cela suffit pour le moment.

Vers une heure du matin, on signale enfin Vittoria, où la bande presque tout entière quitte les wagons. On annonçait pour le lendemain des courses de taureaux, et nous n'espérions pas avoir ce spectacle à Madrid, où la *quadrilla* fait relâche jusqu'au mois de septembre.

IV.

Je me rappellerai toute ma vie notre entrée à Vittoria. Nous étions bien fatigués, mais il n'y a pas de fatigue qui tienne, quand on tombe tout à coup en plein moyen-âge.

La ville dormait aux rayons de la lune, sous la garde des *serenos* ou veilleurs de nuit qui, munis de leurs piques armées de lanternes, et vêtus de leurs manteaux couleur de muraille, criaient l'heure et le temps, le temps toujours serein, d'où leur vient sans doute leur nom de *serenos*.

Nous nous adressons à l'un d'eux qui nous conduit de *fondas* (hôtels) en *fondas*, sans pouvoir nous trouver un gîte. Tout est plein : on est venu de dix lieues à la ronde pour assister aux courses.

Nous découvrons enfin une *posada*, où

l'on veut bien nous donner du pain, du vin, du jambon, et garder nos valises.

Nous allons ensuite nous promener en attendant le jour. Une musique nous attire : c'est l'orchestre d'un bal populaire, mais hélas ! il entame une polka d'Offenbach, qui nous met en fuite. Des cierges qui brûlent un peu plus loin devant une madone contrastent avec cet écho de Paris.

Quelques-uns d'entre nous se sont installés dans les voitures qui nous ont amenés du chemin de fer, d'autres se couchent sur les bancs de la promenade.

Une jeune fille en robe blanche se montre comme Rosine au *miradore* ou balcon vitré de sa fenêtre, mais nous n'avons pas de guitares et nous ferions de tristes Almavivas.

Le jour paraît, on se lève à la posada. Un voyageur forcé de partir nous cède la place, et nous goûtons enfin cet ineffable plaisir de nous plonger la tête et les mains dans l'eau fraîche.

Impossible de vous écrire : la chambre que nous occupons à deux n'est qu'une obscure soupente, séparée d'ailleurs par une simple cloison de la salle à manger, qui sert également de salle de cabaret, et qui dès l'aube s'est emplie d'une foule bruyante.

Ne pouvant ni écrire, ni dormir, je vais visiter la ville. Larges places, vastes façades, fenêtres grillées, murailles en ruines, portes majestueuses, Vittoria est bien le type des cités espagnoles telles qu'on se les figure. On me fait admirer le magnifique pavé en mosaïque de la *Place neuve*, un grand carré de maisons à arcades. Je retrouverai, me dit-on, ce modèle de place dans toutes les villes de la Péninsule.

La vieille ville a surtout de la couleur, mais je me demande comment on fait pour vivre dans les maisons. Les rues sont étroites, sinueuses, et il s'en exhale une odeur particulièrement fade qui vous soulève le cœur. On dirait un mélange de sueur et d'encens. Ceci m'amène à vous parler des églises.

Comme, au point de vue de l'architecture, celles de Vittoria n'ont rien de fort remarquable, j'ai noté, en passant, un détail topique.

Dans chacune, à droite du chœur, il y a un tableau représentant un prêtre de grandeur naturelle, qui tient à la main un crucifix. Quelquefois le prêtre contemple le Christ, ailleurs il le montre au peuple en se posant un doigt sur la bouche.

Les prêtres ont en Espagne un tout autre

aspect qu'en France. Ils sont coiffés du grand chapeau de Basile, mais ils sont loin d'avoir l'air cuistre que Beaumarchais a donné à ce personnage subalterne.

Le prêtre espagnol a la sérénité de la puissance. Il est le maître, il le sait, et son regard vous le rappelle. C'est du reste un bonheur pour l'Espagne, que la religion n'ait pas perdu son ascendant sur les masses. A qui veut juger de ce que serait ce peuple si on déchaînait la bête, il suffit de voir sa turbulence aux courses de taureaux.

V.

Les combats de Vittoria promettaient d'être intéressants. Ils avaient commencé l'avant-veille et, la veille, on y avait tué douze chevaux, six taureaux, plus un *picadore*. L'effet a été sur nous tous à peu près le même, et tel que nous l'avions prévu : un profond dégoût auquel a succédé l'ennui.

Le beau plaisir de voir un pauvre cheval arriver les yeux bandés devant un animal furieux qui l'éventre d'un coup de corne! Le *picadore* saute à bas, le cheval tombe sur l'arène, les entrailles pendantes, et se débat dans les convulsions de l'agonie, pendant que la foule, hommes, femmes, prêtres et vierges de quinze ans, crie : *Bravo toro!* C'est un spectacle hideux et bon tout au plus pour des Yankees.

Je m'étonne qu'un Barnum quelconque n'ait pas songé à importer cette mode en Amérique. Théophile Gautier, à qui je communique cette réflexion, me répond que les taureaux de combat trouvent seulement en Espagne l'herbe qui met du feu dans leurs veines.

Il faut reconnaître que nous n'avons guère vu de cet amusement que le côté boucherie. La plupart des taureaux évitaient la lance des *picadores*, laissaient paisiblement les *chulos* agiter sous leurs yeux la cape multicolore et, devant l'*espada* qui devait leur donner le coup mortel, se comportaient à peu près comme les bœufs à l'abattoir.

Un jeune dilettante, mon voisin, ce qu'on appelle là-bas un *aficionado*, m'expliquait que la *quadrilla* n'était qu'une troupe de troisième ordre, et que les *toreros* valaient les *toros*. Je comprends qu'avec des animaux qui se défendent, la lutte offre plus d'intérêt et paraisse moins révoltante.

Le mardi soir nous sommes partis pour Madrid, applommés de sommeil, comme dit Mme Pathelin. Nous nous réveillons vers dix heures du matin à Medina del Campo. La plupart des voyageurs descendent. On nous prévient que le train s'arrête *tres mi-*

nutas. Encore à demi-sommeillants, nous comprenons treize minutes ; un de nous, qui baragouine l'espagnol, demande s'il s'agit d'un quart d'heure, on lui répond affirmativement. Est-ce bêtise ou mauvais vouloir des employés? Le train part et me laisse sur la voie avec trois compagnons d'infortune.

Heureusement nous avions de l'argent et des cigares ; avec cela des Français sont vite consolés. Nous prions les employés de télégraphier, afin qu'on prenne soin de nos bagages; ils s'y refusent. Le gouvernement s'est réservé l'usage exclusif du télégraphe.

Je retrouve dans une de mes poches ma carte du banquet royal, et je la montre. Voilà mes gens qui deviennent aussi polis qu'ils avaient été impertinents.

Ils nous conduisent à une *posada*, la meilleure et peut-être la seule de l'endroit, et nous y recommandent. Pendant qu'on nous cuisine un déjeuner quelconque, nous allons visiter le pays.

Notre accident était tout simplement une bonne fortune et nous nous en apercevons bientôt.

VI.

La campagne qui entoure Medina est le grenier d'abondance de l'Espagne. En voyant les blés énormes resplendir sous un soleil éclatant, j'ai compris pour la première fois la justesse de cette métaphore latine : l'or des moissons.

Medina est en outre une des plus vieilles villes de l'Espagne, une ville pleine de couvents en ruine. Ancien séjour de plusieurs rois, elle comptait au XVIIe siècle près de 60,000 habitants. Elle n'en a plus même la vingtième partie.

Elle ne se compose guère que d'une rue, jonchée de la paille courte qui s'échappe de la charge des ânes et bordée par des maisons de bois précédées de portiques, que soutiennent des piliers de bois. Rien de plus bizarre et de plus misérable. On a peur de soulever la paille sous ses pas; il semble qu'on en pourrait faire sortir la peste; et toujours, et plus que jamais cette odeur nauséabonde, qui n'est autre, je le sais maintenant, que l'odeur d'huile rance.

Et quel singulier peuple! Des femmes laides, rabougries, hagardes; quelques-unes, les moins vieilles, en jupon d'un jaune queue de serin très-vif; des hommes à mine fiévreuse, mais admirablement drapés dans des manteaux couleur d'amadou et qui vous regardent avec l'indifférence des Orientaux.

La créature la plus florissante de la bourgade est un magnifique cochon noir qui se promène en toute liberté. C'est ainsi que les compagnons de saint Antoine vaguaient en plein Paris au XIIe siècle, lorsque le prince Philippe, fils de Louis le Gros, fut tué par la faute de l'un d'eux qui se jeta dans les jambes de son cheval.

Le cochon espagnol pousse droit devant lui et attend que vous vous dérangiez de son chemin; il sent que la rue lui appartient. Comme contraste, un jeune facteur de la poste, en uniforme, brossé, ciré, pommadé, s'avance tenant ses lettres à la main, parce qu'il ne sied pas à un *caballero* de porter une boîte.

Le déjeuner que nous avons fait à Medina se composait d'une omelette et de poulets étiques. Nous n'avons pas osé aborder le *putchero,* le mets national, qu'on fricassait dans cinq ou six petits pots. Le train nous a repris à deux heures, un train omnibus qui nous débarquait à cinq heures dans la capitale des Espagnes.

Nos compagnons de voyage avaient eu soin de recommander nos valises au chef de gare, et nous les avons retrouvées intactes. Leur train avait eu deux heures de retard, et nous étions, tout compte fait, de beaucoup les moins malheureux.

Je n'ai qu'entrevu Madrid, et ne puis encore vous en parler. Nous partons demain vendredi, à six heures du matin, pour Tolède; nous passerons la journée d'après-demain à Madrid; puis, selon le programme, nous retournerons à Paris, en nous arrêtant à l'Escurial, Burgos, Valladolid et Bayonne, d'où je vous écrirai une seconde lettre.

DEUXIÈME LETTRE.

I.

Biarritz, le 23 août 1864.

Mon cher ami,

Je vous écris de Biarritz, où nous sommes descendus à l'*Hôtel des ambassadeurs*, un excellent hôtel dont j'apprécie d'autant mieux le mérite que nous avons été mal logés, assez mal nourris, livrés aux bêtes et fort proprement écorchés à la *fonda de Francia*, un des premiers hôtels de Madrid.

J'ai sous les yeux la mer calme et unie comme une glace, et ce spectacle assez rare, dit-on, sur cette côte, qu'on appelle la *Côte des fous*, me rafraîchit le corps et l'esprit. J'ai pris un bain hier à Saint-Sébastien; j'en ai pris un ce matin à Biarritz; je compte bien en prendre tantôt un troisième. On ne saurait trop se baigner quand on revient d'Espagne.

Je vais tâcher de mettre un peu d'ordre dans mes idées. J'ai vu tant de choses en si peu de temps que j'en suis ahuri. Il me faudrait un volume pour tout vous conter, et je ne dois plus vous écrire qu'une lettre : c'est le cas ou jamais de faire court.

Comme je vous l'ai annoncé, nous sommes partis pour Tolède vendredi 19, à six heures du matin. Nous avons laissé sur la gauche, à mi-chemin, Aranjuez, avec le regret de ne pouvoir visiter le palais et ses jardins. Nous n'avions que vingt-cinq minutes d'arrêt, et les trains sont si rares, qu'il nous eût fallu dépenser une demi-journée pour une visite qui ne demande guère plus de trois heures.

Nous sommes arrivés à Tolède vers dix heures. Deux omnibus nous attendaient à la gare : ils sont envahis par les plus pressés. Restait une tartane, sorte de carriole en osier, montée sur deux roues, complétement dépourvue de ressorts, et traînée par trois mules à la file, — trois mules rasées qui, avec leur queue pelée et leurs oreilles pointues, semblaient d'énormes souris.

Nous y grimpons tant bien que mal,

joyeux de faire notre entrée à Tolède dans un véhicule aussi couleur locale, et nous partons au grand trot, durement cahotés et riant comme des fous.

Toute la population nous attendait. La veille une centaine d'entre nous s'étaient déjà abattus sur la ville, et il était évident que de mémoire d'homme on n'y avait vu une telle affluence d'étrangers.

Tolède, les géographes vous l'ont appris, est bâtie en partie sur le sommet, en partie sur le flanc d'une colline escarpée que baignent les eaux du Tage, le fleuve aux paillettes d'or. On dirait un nid au haut d'un rocher.

Rien de grandiose et de pittoresque comme l'entrée de la ville par le pont d'Alcantara. C'est un autre ciel, d'autres monuments, une autre civilisation.

Nous jetons un coup d'œil du haut de notre carriole sur les deux magnifiques ponts de pierre, et sur les restes de l'aqueduc qui, passant par-dessus le Tage, portait l'eau de la montagne jusqu'à l'Alcazar ; puis, aussitôt débarqués, nous nous mettons en quête de notre déjeuner.

Les différentes bandes se rejoignent au même restaurant, où nous trouvons une longue table servie à la française. Nous dépêchons les vivres, fort bons d'ailleurs, pour ne pas perdre de temps. Nous payons l'hôte, un honnête Espagnol, qui demande indifféremment quatre, cinq et six francs par tête, selon que les gens lui paraissent plus ou moins accommodants, et nous commençons notre promenade dans Tolède sous un soleil torride.

II.

Nous courons droit à la cathédrale, vaste édifice gothique bâti en 630, reconstruit en 1227 qui, après avoir été converti en une mosquée par les Mores, a été rendu ensuite au culte catholique, et qui porte les traces de ces transformations successives.

Il semble que le but de ce monument ait été bien plutôt de contenter la sensualité des yeux par la finesse et la multiplicité des détails, que d'émouvoir l'âme par la grandeur et la sévérité des lignes.

La lumière y est distribuée de façon à produire des effets magiques; la profusion des ornements vous éblouit, vous fascine; mais bientôt elle vous fatigue, et on sort de là plus étourdi que charmé par ce singulier mélange de la couleur avec les formes sévères de l'architecture ogivale.

Le trésor de la cathédrale est d'une richesse incomparable : ce ne sont que manteaux de perles, vases, crucifix et châsses d'or ornés des pierres les plus précieuses.

Pour le voir nous avons dû traverser une chapelle où psalmodiaient quelques chantres. Notre guide nous donnait ses explications sans trop s'inquiéter de la cérémonie ni de la sainteté du lieu. Il aurait allumé une cigarette que cela ne nous eût pas étonnés.

Nous sortons de là vers une heure, et nous nous répandons dans les rues étroites, tortueuses et où les toitures s'avancent à ce point que, suivant le mot de don Francesco de Rojas, on n'y peut apercevoir le ciel que *por cerbatana*, par une sarbacane. Les habitants faisaient la sieste, et on ne voyait dehors, suivant le dicton espagnol, que des chiens et des Français.

Je ne vous parle pas des autres monuments, l'église San Juan de los Reyes, l'Alcazar, le palais de la Galiana, l'hôpital du Cardinal.

Malgré ses édifices délabrés, Tolède n'a point cet aspect de misère profonde qui nous soulevait le cœur à Medina del Campo. Nous y avons retrouvé les mêmes maisons moresques, mais hautes de plusieurs étages et construites en pierre ou en brique. L'intérieur en est d'une extrême propreté, et l'une d'elles conserve d'admirables fragments d'une synagogue convertie en mosquée, que l'on se fit un plaisir de nous montrer.

La maison moresque est d'ailleurs la seule qui convienne au climat; et Tolède, avec ses rues étroites et ses habitations aérées, est bâtie avec infiniment plus d'intelligence que Madrid avec ses maisons sans air et ses larges boulevards.

III.

Vous ne me pardonneriez pas d'être allé à Tolède sans en rapporter quelqu'une de ces bonnes lames qui ont servi aux exploits de Bocage et de Frédérick-Lemaître. La manufacture est à un quart de lieue, et nous n'avions pas la prétention de nous y rendre à pied par une route sans ombre et sous un soleil qui la chauffait à blanc.

Tout en cherchant une carriole, nous rencontrons aux portes de la ville un homme à cheval, coiffé d'un *sombrero* ou chapeau gris à larges bords, armé d'une carabine, et qui, sauf le costume, ressemblait merveilleusement à Hyacinthe, du Palais-Royal. L'un de nous l'arrête et, appelant à son aide tout ce qu'il sait d'espagnol, lui expose notre embarras.

— A cette heure, messieurs, nous répond en bon français le sosie d'Hyacinthe, vous ne trouveriez pas un voiturier à prix d'or : ils font tous la sieste. On ne peut guère voyager dans ce pays qu'avec ceci, conclut-il en passant la main sur le cou de son cheval.

— Et cela, fis-je en désignant sa carabine.

— Et cela, ajouta-t-il en soulevant sa ceinture, et en nous montrant un poignard et deux pistolets.

Nous renonçons à notre projet, ce qui ne nous empêche pas de rapporter tout un arsenal de *navajas* (prononcez *navahras* le nom de ces longs couteaux à manche recourbé), de poignards et de stylets de Tolède; mais — gardez-nous le secret — ils ont été achetés à Madrid, dans la *calle* (rue) de Tolède, et viennent de Saragosse.

En rentrant en ville, nous avisons devant une porte cinq ou six enfants vêtus d'une simple chemise. Je vais pour en prendre un, un superbe garçon de trois à quatre ans, blanc comme neige, par le bout de l'oreille, la partie la plus propre de sa figure. Il s'enfuit en hurlant.

Sa sœur, un peu plus grande, vient à moi avec une confiance qui m'honore et me touche. Saisi d'un magnifique accès de générosité, je lui donne un *cuarto* (un sou).

Elle court montrer son trésor aux autres.

Deux minutes après, nous avions à nos trousses plus de vingt *muchachos* ou gamins et autant de vieilles femmes, d'horribles vieilles aux regards de chouette, aux pattes d'araignée, qui nous demandaient *la bonne main*, en nous tendant les leurs jusque dans nos poches.

A part une ravissante figure de Juive, qui nous rappela que Tolède vient de l'hébreu Tolédoth (générations), nous n'avons pas aperçu une seule jolie femme. C'est à ce point qu'un de nous voulait voir dans cette laideur universelle l'étymologie du mot Tolède : toutes laides.

Nous ne partîmes point sans avoir dévalisé la boutique d'un marchand de tambours de basque et de castagnettes, et nous rentrâmes à Madrid comme les étudiants reviennent de Saint-Cloud.

IV.

Un millier de curieux nous attendaient dans la gare. L'arrivée du train de Tolède est-elle pour les nombreux flâneurs de Madrid un spectacle habituel, ou devions-nous nous faire honneur de cet empressement? Je ne sais; en tout cas, nous fendîmes la foule, les mains sur les poches de nos gilets.

Vous trouverez cette précaution bien dure pour les gens de Madrid; mais, à l'exception d'Hetzel, qui s'obstine à soutenir que sa malle a été — sauf votre respect — mangée par les punaises, il y en a peu d'entre nous à qui on n'ait pris quelque chose.

A la fonda de Francia, pendant que je vous écrivais, on est venu par trois fois entr'ouvrir la porte de ma chambre. Comme je m'obstinais à le gêner, le visiteur, dont je n'ai malheureusement pas vu les traits, s'est décidé à se pourvoir chez un voisin. Celui-ci avait eu l'imprudence de faire la sieste, la clef sur sa porte, son gilet sur une chaise, au pied de son lit, et son porte-monnaie dans son gilet. Le porte-monnaie disparut : il contenait une centaine de francs.

Le volé se plaignit à l'hôte, qui recommanda le silence, promit de faire une enquête et ne fit rien du tout. Le vol au bonjour se pratique aussi bien à Paris qu'à Madrid, mais on ne vole pas aussi impunément dans les hôtels.

Je ne voudrais point ressembler à l'Anglais de la légende, qui jugeait toutes les femmes d'après la servante de son auberge. Quelques compatriotes m'ont assuré, je le reconnais sans peine, que non-seulement on ne les avait pas volés à leur fonda, mais encore qu'on n'avait point mis sur leur note le déjeuner qu'ils avaient déjà payé à Tolède. L'hôte de la fonda de Francia nous donna pour excuse qu'à Madrid les choses se passaient comme dans les villes d'eaux. La raison nous parut sans réplique.

Le Manzanarès, le fleuve qui baigne Madrid, est, vous le savez, un ruisselet qui coulerait à l'aise entre les jambes du Manneken-Pis de Bruxelles. Il n'en est pas moins couvert de bains, et c'est sans doute pourquoi Madrid est, sur la note des hôteliers, au rang des villes d'eaux.

Si vous désirez savoir comment on s'y baigne, le voici : on s'arme d'une pioche et d'une pelle, on fait un trou et on s'y plonge jusqu'à mi-corps.

Les gens de Madrid assurent que c'est la seule vraie manière de prendre un bain. On pourrait leur demander, comme Diogène, où l'on va se laver au sortir de là : ils seraient fort embarrassés pour vous répondre.

Le jour de notre arrivée à Madrid, il faisait une chaleur étouffante. Après le dîner, nous allons droit à la *Puerta del Sol*, qui n'est pas une porte, ainsi qu'on pourrait le croire, mais une belle place ornée d'une fontaine. (*La Puerta del Sol* tire son nom d'une façade d'église peinte en rose et décorée d'un grand soleil aux rayons d'or.)

Comme je n'avais trouvé à la fonda de Francia qu'une pinte d'eau dans un fragment de cuvette, je plonge mes mains dans le bassin de la fontaine. Un alguazil s'approche de moi et me dit en français :

— Vous savez pourtant bien, monsieur, qu'il est défendu de toucher à l'eau.

J'ai trouvé ironique le ton avec lequel ce brave homme nous condamnait au supplice de Tantale. Il avait l'air de se moquer de nous et un peu aussi des autres.

On n'économise pas moins l'ombre que l'eau dans ce pays du soleil. Un matin, nous allons chercher la fraîcheur dans le jardin du *Buen-Retiro*, un jardin d'assez mauvais goût avec ses énormes bancs de rocailles, ses cygnes de bois peint, ses chèvres empaillées et ses automates qui battent le beurre ou filent au rouet.

Nous y entrons à neuf heures et demie ; à dix, nous rencontrons trois gardes armés de carabines qui nous mettent à la porte. Le jardin n'est ouvert que de cinq heures du soir à dix heures du matin, au moment où l'on jouit d'un peu de fraîcheur. A quoi servent les ombrages? N'est-ce pas comme si le musée n'était ouvert que la nuit?

V.

Je me laisse conduire par ma plume et vous écris à bâtons rompus. Pardonnez à un homme pressé d'aller se jeter à la mer. Je n'ai pu donner que deux heures au musée, un des plus beaux du monde, et il faudrait deux mois pour le voir à fond.

Je ne vous en dirai rien, pas plus que des monuments de Madrid, qui, du reste, n'ont pas grand intérêt : Madrid devient de plus en plus une ville française.

Il est temps que je vous mène au Prado. Le Prado est toujours une des plus belles promenades qu'il y ait au monde, mais hélas! j'y ai retrouvé les chaises Tronchon du boulevard des Italiens, et je n'y ai pas trouvé la *manola*. La manola a disparu, comme chez nous la grisette. Elle est remplacée par une sorte de biche assez semblable à la nôtre, et qui affecte autant que possible la tournure de la biche parisienne.

L'une de ces demoiselles, que nous considérions curieusement, s'approche de mon compagnon de voyage et lui dit en français d'un air aimable : « Petit chameau, petit chameau ! » La pauvre fille n'avait sans doute retenu que ces deux mots de ses relations avec nos compatriotes.

Tous les rangs sont confondus au Prado. Le grand d'Espagne y coudoie l'employé à douze cents francs qui a dîné d'une cigarette afin de pouvoir s'y promener en bottes vernies. En Espagne le paysan pose pour le peintre et le bourgeois pour la galerie. Se montrer au Prado en chapeau de paille et les mains nues est du plus mauvais ton.

Les femmes ont eu le bon goût de conserver la mantille, qui est en dentelles noires ou blanches, et qui se place à l'arrière de la tête, sur le haut du peigne. Elles sont généralement belles, et cette charmante coiffure les embellit encore. Elles ont dans les yeux — des yeux superbes — je ne sais quoi d'indolent et de fier. Elles aiment à être admirées et ne s'en cachent pas.

Il entre beaucoup de naïveté dans leur coquetterie. Une femme au bras de son mari se retourne deux ou trois fois pour voir si vous continuez à la regarder. Pour un peu elle vous sourirait. Cela ne tire nullement à conséquence, et les femmes ne sont pas, m'a-t-on dit, plus légères à Madrid qu'ailleurs.

Le malheur est que, comme il arrive dans les races pures, elles ont l'air d'avoir été créées toutes sur le même type. On m'assure qu'elles se ressemblent au moral aussi bien qu'au physique, et qu'il suffit d'avoir été aimé d'une Espagnole pour les savoir toutes par cœur.

Les maisons de Madrid, comme jadis celles des villes du Hainaut, sont peintes des couleurs les plus bizarres : vert pomme, ventre de biche, cuisse de nymphe. Les grands cafés sont décorés avec un luxe de pacotille, mais on y trouve tous les rafraîchissements, *bebidas heladas* (boissons gelées), *sorbetes* et *quesitos* (glaces dures), qu'on nous refusait à notre fonda de Francia, où Théophile Gautier a seul pu se faire donner de l'eau de Seltz.

VI.

Cette lettre est déjà bien longue, et je ne vous ai pas dit un mot de l'Escurial, cet immense palais de granit, bâti par un roi maniaque, — qui a coûté 6,000,000 de piastres, qui a 12,000 portes ou fenêtres, 22 cours, 4,000 colonnes, qui renferme une église, un collége, une bibliothèque, 17 cloîtres, un parc immense, de vastes jardins, etc., et qui est triste comme la mort. Je n'entreprendrai pas une description qui me mènerait trop loin.

J'aime mieux vous confier que j'ai rencontré à l'Escurial deux jeunes Espagnoles blondes, aux longs yeux noirs, au teint mat des brunes, à la taille élancée, à l'air un peu impertinent, les blondes les plus admirablement belles que j'aie vues de ma vie.

L'Escurial s'élève sur la pente des monts

Guadarrama, une longue chaîne de montagnes pelées qui se prolongent sur les confins des provinces de Madrid, de Guadalaxara, d'Avila et de Ségovie.

Rien n'est désolé comme cette campagne, la plus aride du nord de l'Espagne. Il y a là dix lieues de collines couvertes d'énormes rochers gris bleu affectant les formes les plus étranges. On croit voir les débris d'une petite planète qui aurait rencontré la terre en cet endroit et s'y serait brisée.

Nous y avons eu le spectacle d'un splendide coucher de soleil : sous des nuages qui du rouge le plus ardent passèrent à l'orange, les montagnes roses prirent des teintes violettes, glacées d'or, qui finirent par se fondre dans les ombres grises de la nuit.

Nous avons brûlé Burgos et Valladolid, comme nous avions brûlé Aranjuez sur la route de Tolède et pour la même raison. Nous avons traversé de nouveau les Pyrénées, mais cette fois en plein jour, et j'ai pu admirer à mon aise cette magnifique voie ferrée, une des œuvres les plus remarquables que l'Espagne nous ait offertes ; — qui a occupé 2,000 ouvriers pendant cinq ans et qui a coûté plus de 800 millions de réaux.

Nous avons remonté par des rampes successives jusqu'à plus de 500 mètres au-dessus du niveau de la mer ; nous avons retraversé les quarante superbes tunnels dont l'un n'a pas moins de 2,700 mètres, et nous sommes arrivés à Saint-Sébastien avec quatre heures de retard, talonnés par une faim atroce, mais sans avarie.

C'était la première fois, depuis le passage du train des invités, que la voie était livrée à la circulation. On avait fait relâche durant cinq jours pour en consolider les parties faibles et la rendre moins périlleuse.

Les employés espagnols étaient presque polis, et ils ne semblaient plus prendre plaisir à semer les voyageurs sur la route.

VII.

Le chemin de fer rapprochera certainement les deux peuples et éteindra peu à peu la trop visible rancune que nous gardent les Espagnols ; mais je doute que cette première visite ait beaucoup amélioré nos rapports. La foule nous a accueillis à Saint-Sébastien en nous criant *fuera,* ce qui signifie : A la porte!

D'un autre côté, nous ne pouvons pas dire que nous ayons été bien ou mal reçus à Madrid; le fait est qu'on ne nous a pas reçus du tout et qu'on nous a regardés à peu près comme nos badauds regardent les ambassadeurs japonais.

Pour ma part, je n'ai trouvé d'obligeance que chez trois personnes : le jeune *aficionado* de Vittoria, qui, d'ailleurs, avait passé une année en France, le chef de gare de Madrid et un membre de la presse espagnole que j'ai croisé à Saint-Sébastien, accompagnant le roi d'Espagne, et qui, de la meilleure grâce du monde, m'a donné toute sorte de renseignements.

Je ne compte pas l'homme à la carabine que nous avons rencontré à Tolède. Je le soupçonne d'être Français, je penche même à croire que c'était Hyacinthe en personne. Il ne peut pas y avoir dans le monde un nez pareil à celui d'Hyacinthe.

Malgré ces légers désagréments et la fatigue d'un trajet de 900 lieues accompli en huit jours, je garderai un bon souvenir de l'Espagne. J'y ai souffert la faim, la soif et n'ai guère dormi, j'ai été rôti par la chaleur, mangé par les insectes, rançonné par les hôteliers; et pourtant tout ce qui s'est passé dans cette semaine restera dans ma mémoire comme un rayon de soleil.

J'espère bien que je ne mourrai pas sans revoir Tolède avec son beau ciel d'un bleu si profond ; mais alors je pousserai jusqu'à Grenade, Cordoue, Séville et Cadix, le vrai pays où fleurit l'oranger !

EN ANGLETERRE

EN ANGLETERRE

LES PENSIONNATS DE DEMOISELLES.

Nous avons réuni sous ce titre quelques fragments d'une correspondance que le hasard a fait tomber entre nos mains. L'auteur de ces lettres est une jeune Française qui, désirant se vouer à l'enseignement, est allée à Londres, il y a vingt ans, pour apprendre la langue anglaise.

Elle y raconte à sa mère ce qu'elle a observé dans deux pensions, l'une assez modeste, l'autre très-élégante, où elle a passé près d'une année comme maîtresse de français.

Je crois devoir prévenir que, n'ayant pu vérifier la justesse de ses appréciations, je lui en laisse forcément toute la responsabilité. Je me contente de garantir sa sincérité parfaite.

Il pourra se faire qu'on lui reproche de manquer d'indulgence et de voir partout des sujets de blâme. Peut-être cela vient-il de ce qu'à l'époque les Françaises n'étaient pas précisément bien traitées dans les pensions de Londres.

Je crois inutile d'avertir que, si j'ai respecté les faits et les idées, j'ai eu soin de changer les noms propres, et qu'il n'y a ici qu'une simple esquisse de mœurs.

30 novembre. — Je suis arrivée hier vers midi par un ciel clair qu'on n'a pas souvent, dit-on, dans ce pays au commencement de la mauvaise saison. Mistress O'Brienne voulait me faire admirer les clochers dont Londres paraît planté, quand on l'aborde par *London bridge*. C'est une belle vue, mais en ce moment j'aurais donné tous les clochers de l'Angleterre pour le clocher de D...

Je ne veux pas perdre de temps ; dès demain nous nous mettons en quête d'une place.

. . . .

15 décembre. — Bien qu'il y ait à Londres comme à Paris des agents pour vous fournir des adresses, et des *policemen* pour vous indiquer votre chemin, trouver une place n'est pas chose facile. Je viens de m'en convaincre à mes dépens. Si la qualité de Française est une bonne recommandation, celle de catholique n'a pas tout à fait le même prestige aux yeux des Anglais de toutes les églises.

Le premier jour, Mistress O'Brienne m'a menée dans trois pensions. Voici le court, mais instructif dialogue, invariablement le même, qui a suivi les présentations d'usage :

— Êtes-vous protestante?

— Non, madame.

— Vous êtes catholique romaine?

— Oui, madame.

— Voulez-vous tourner? (*Turn* — changer de religion.)

— Non, madame.

— *Very well!*

La maîtresse de la maison rentre dans un silence plein de dignité et sonne une domestique qui vient nous ouvrir la porte.

. . . .

3 janvier. — Faudra-t-il que je retourne en France sans avoir atteint mon but? Je commence à le craindre. J'ai déjà visité inutilement vingt-sept maisons, et pourtant, à l'heure qu'il est, ta fille n'est rien moins qu'un prodige de science. Tu vas en juger.

Il y a un mois, je me bornais à enseigner les facultés que comprend le programme de l'examen supérieur, plus le dessin et la musique. Aujourd'hui je me propose pour montrer le chant, la danse, la gymnastique, le latin, l'astronomie, la déclamation, que sais-je? ou plutôt que ne sais-je pas? Avant huit jours, je me présenterai comme maîtresse de grec.

Je rougis en t'avouant ces choses-là; mais c'est l'usage et la condition *sine quâ non* du succès. La moindre débutante est forcée, sous peine d'être repoussée avec mépris, de se donner pour une encyclopédie vivante. Mistress O'Brienne m'assure qu'elle est loin de posséder ces sciences aussi bien que moi (aussi bien est charmant), et cependant qu'elle les sait assez pour les enseigner... à des Anglaises!

. . . .

10 janvier.— Enfin, j'ai une « situation », pour parler comme les Anglais, car il n'y a ici que les domestiques qui trouvent des places. J'entre vendredi chez miss Bunting, à Camden-Town, un des faubourgs de Londres. Miss Bunting est une petite femme ronde de taille et sèche de manières qui, à propos de religion, ne m'a recommandé qu'une chose : ne pas faire de prosélytisme.

. . . .

Miss Bunting m'a promis que je serais très-heureuse chez elle, et que j'aurais pour compagne sa sous-maîtresse anglaise, — jeune lady fort aimable, qui parle français et qui a surtout *a very agreable conversation.*

. . . .

19 janvier. — Je suis depuis deux jours chez miss Bunting, et je ne puis m'empêcher de te donner, avant tout, un échantillon de l'agréable conversation de miss Elen, ma nouvelle compagne. Figure-toi une grande belle fille de vingt ans, mince, blonde, avec des yeux bleus magnifiques et cette peau blanche et satinée dont les Anglaises sont si fières.

S'il y a ici beaucoup de femmes comme elle, je comprends qu'on ait comparé l'Angleterre à un nid de cygnes. Tu as vu dans les keepsakes de ces figures diaphanes et rêveuses qu'on dirait taillées dans un nuage. Miss Elen gazouille un français baroque qui n'est pas désagréable dans sa bouche.

Après nous avoir « introduites » (*introduced*) l'une à l'autre, miss Bunting nous a laissées passer ensemble la soirée de vendredi.

— L'aimez-vous, le beefsteak? me dit miss Elen pour entrer en conversation.

— Mais oui.

— Oh! que je l'aime, moâ, le beefsteak, pour le manger! L'aimez-vous, le plum-pudding?

— J'en ai mangé une fois; j'ai trouvé cela assez bon.

— Oh! que je l'aime, moâ, le plum-pudding, pour le manger! L'aimez-vous, les petits cochons tout entiers?

— Vous voulez dire les cochons de lait?

— Oh! que je l'aime, moâ, les petits cochons de lait tout entiers, pour les manger, surtout la tête!

Notre conversation dura ainsi jusqu'à dix heures.

Hier soir, il y eut une variante :

— Étiez-vous ici à *Christmas?* (les fêtes de Noël.)

— Oui, il y a six semaines que je suis à Londres.

— Avez-vous bien amusé vous-même?

— Pas trop ; je venais de quitter ma famille, et je n'étais pas disposée à la gaîté.

— Oh! que je me suis bien amusée! D'abord, le matin de Christmas, miss Bunting m'a donné du pain, du beurre et du bacon (lard frit) avec mon thé, et j'en ai mangé tant que j'ai pu ; et ensuite je suis allée conduire les misses Paxon, et leur mère m'a donné du *romsteak*, et du vin, et du plum-pudding, tant que j'ai été forcée de dire : « Merci, mistress Paxon, je n'en puis plus! »

Et ensuite je suis allée faire des visites avec ma mère, et partout on nous offrait à manger et à boire; et, le soir, j'ai soupé chez ma tante, et le souper était si bon! et j'ai mangé et bu tant que je n'en pouvais plus, et j'ai continué comme cela pendant les douze jours de Christmas. Oh! que j'ai donc amusé moâ-même!

Miss Elen prenait tant de plaisir à parler bonne chère, que je me hasardai à lui demander des explications sur un point qui m'avait intriguée.

— Pourquoi, lui dis-je, nous donne-t-on au dîner de très-grands verres et au souper des verres comme pour faire la dînette.

Elle se mit à rire.

— A dîner nous sommes avec les demoiselles, et alors, on nous donne de l'eau, comme aux demoiselles. Pour le souper, on mène les demoiselles coucher, et alors nous avons de la bière. Nous ne pouvons nous plaindre, nous avons un verre tout entier. Est-ce que, dans les pensions de Paris, on donne un plus grand verre de bière pour souper?

— Non, on boit du vin.

— Oh! que je l'aimerais, pour boire, le vin! L'aimez-vous, le vin, pour le boire?

Tu vas me demander, ma chère mère, si c'est l'habitude dans les pensions anglaises d'envoyer les élèves se coucher sans souper. Il paraît du moins que c'est l'habitude chez miss Bunting. Note bien qu'en Angleterre on dîne à midi. Il est vrai qu'on prend le thé à six heures, et qu'avec un peu de complaisance!...

. . . .

Il n'y a encore que deux élèves; les autres ne sont pas revenues des vacances.

. . . .

Je m'aperçois que je ne t'ai pas décrit le local de la pension. Londres ressemble à une ville de province en ce sens que chaque maison n'y contient d'habitude qu'un ménage. Nous occupons une maison à trois étages.

La porte s'ouvre sur un corridor qui conduit à un escalier. La salle d'étude est au rez-de-chaussée; au premier étage est le parloir, représenté par deux salons couverts de tapis et convenablement décorés.

En revanche, au second et au troisième, les dortoirs sont horriblement mal tenus : les élèves y couchent deux dans chaque lit. Ce détail doit t'en dire assez. Salons très-élégants et chambres à coucher honteusement malpropres, voilà, dit-on, le trait caractéristique de tout intérieur bourgeois.

La cuisine se cache au sous-sol, et le jardin est grand comme le tablier de la cuisinière. Je me demande où se font les récréations.

6 février — Nous sommes au complet : dix-sept élèves. Il ne faut pas que ce chiffre t'étonne. En général, dans les pensions anglaises, le nombre des élèves ne monte guère plus haut que vingt-cinq. Les études n'y sont pas mieux organisées pour cela, et on ignore parfaitement ici ce que c'est qu'un règlement. Je ne sais si je parviendrai à te donner une idée de ce sens dessus dessous.

Depuis trois semaines, je me demande

à quelle heure commence la classe. Mais d'abord y a-t-il une classe? Je n'ai guère vu jusqu'à présent que des promenades et des toilettes. Et quelles toilettes!.,.

Vers huit heures, on descend pour déjeuner, devine où... dans la salle d'étude. Il n'y a, en effet, pas d'autre réfectoire... Autour de la table ronde, son unique ornement, chacune de nous s'installe devant une assiette où sont servies quatre minces tartines qui pourraient faire quatre bouchées.

On prend gravement, lentement, sans dire mot, deux tasses de thé. On ne doit pas n'en prendre qu'une : ce n'est point l'usage; il faut bien se garder d'accepter la troisième, que miss Bunting ne manque jamais de vous offrir : on serait mal élevé.

Les autres repas se passent aussi solennellement : ce sont, de l'avis de toutes les enfants, les heures les plus gaies de la journée.

Quand on a mangé longuement ses quatre tartines, on se lève pour la prière, et je quitte la chambre en ma qualité de catholique.

On s'habille, et on va se promener avec des ombrelles, s'il fait du soleil; des parapluies, s'il pleut; les deux, si le temps est incertain. En rentrant, on se déshabille lentement. On est en classe vers onze heures.

Miss Bunting vient passer avec nous une heure, qui est quelquefois de vingt-cinq minutes. Elle prend les élèves une à une et les fait travailler près d'elle. Un jour, c'est la dictée ; le lendemain, l'arithmétique, selon son caprice ou celui de l'élève. Les autres, pendant ce temps-là, font ce qu'elles veulent, c'est-à-dire qu'elles ne font rien du tout.

En moyenne, miss Bunting envoie chaque jour trois élèves se coucher par manière de punition. Jeûner et aller se coucher, voilà les seules pénitences en usage. Les enfants ne détestent pas cette dernière, et on en voit qui regagnent leur lit dès onze heures du matin.

On dîne entre midi et deux heures, quand la cuisinière est prête. Le dîner se compose invariablement d'un plat de viande avec des pommes de terre et du riz, plus un pudding.

Miss Bunting offre deux fois du pudding, mais on se garde bien d'accepter : cela serait peu comme il faut, *improper* et tout à fait *shocking*.

Vers trois ou quatre heures, miss Bunting vient de nouveau passer quelque temps dans la classe. A cinq heures seconde promenade; à six on prend le thé, et le soir on récite les leçons.

Quand miss Bunting est là, on est sage; quand elle n'y est pas, on peut tout faire, sauf du bruit. S'il survient quelque bruit, la bonne paraît.

— De la part de miss Bunting, je viens vous dire de vous taire.

Ce message nous arrive quatre ou cinq fois par heure, et il y a deux maîtresses dans la classe! Il est vrai que leur autorité est réduite à zéro : elles n'ont pas la permission de punir.

Si une maîtresse croit avoir à se plaindre d'une élève, elle doit en référer à miss Bunting qui *juge* le différend et donne généralement tort à la maîtresse.

Tu as pu remarquer que, si on n'étudie guère, en revanche on est assez mal nourri. Les élèves achètent à la promenade des gâteaux dont elles soupent; moi, j'abuse du chocolat.

Faut-il dire, à la décharge de miss Bunting, que le prix de la pension n'est que de 32 guinées (840 fr.) sur les prospectus; que l'argent est loin d'avoir ici la même valeur qu'en France, et que miss Bunting prend des élèves à tout prix?

20 février. — Il était convenu que j'aurais ma liberté tous les dimanches; on ne me laisse guère sortir qu'une fois par mois. J'en suis d'autant plus ennuyée que le dimanche est à Londres le jour le plus triste de la semaine.

On ne fait rien que dormir, manger des gâteaux et boire du vin toute la journée. Il est particulièrement défendu d'avoir l'air gai, et rire le dimanche serait de la dernière inconvenance.

. . . .

J'ai rencontré, l'autre jour, chez mistress O'Brienne, une jeune Anglaise qui m'a paru charmante et pour qui, à mon grand étonnement, je me sens quelque inclination. J'ai tant besoin d'une amie!

. . . .

8 mars. — Comment se nomme votre *suitor?* me dit hier miss Elen.

— Qu'est-ce qu'un *suitor?*

— Eh bien, donc, un amoureux.

— Mais je n'ai pas d'amoureux.

— Toutes les Françaises en disent autant, mais nous savons bien que ce n'est pas vrai : les Françaises se marient comme les autres.

— Est-ce que vous avez un amoureux, miss Elen?

— Oui, et toutes les demoiselles ici en ont un aussi. Il faut être laide, bête ou méchante, pour n'en point avoir.

— Mais miss Bunting a plus de trente ans : elle n'est point mariée et n'a point de suitor.

— Elle en a eu un autrefois, quand elle était jeune. C'était un marin, et il est mort dans un naufrage ; mais maintenant...

Et elle se mit à rire.

— Quoi donc, maintenant?

— Vous n'avez rien vu?

— Non.

— Comment! vous n'avez pas remarqué les fréquentes visites de master Lavington? Ces demoiselles en causent beaucoup, et cela fait du tort à la pension.

. . . .

20 mars. — Hier, nous avons eu congé toute la journée et nous sommes allées aux *Heaths* (bruyères) nous promener à ânes. Nous avions laissé la maison vide, nous l'avons retrouvée pleine d'enfants et de meubles nouveaux. Le soir, M. Lavington est venu faire la prière avec miss Bunting qui avait une alliance au doigt.

Avant de monter au dortoir, il est d'usage que chaque élève donne une poignée de main à la maîtresse, en disant : Bonsoir, miss Bunting.

Harriett Meadows, la plus grande et, par conséquent, celle qui doit commencer, s'approcha, regarda l'alliance, regarda l'homme qui était à côté de miss Bunting et se décida à dire :

— Bonsoir, mistress Lavington. Les autres en firent autant.

Le mariage ne nous fut pas autrement annoncé, mais c'est un bon moyen de remonter la pension. La voilà renforcée de dix nouvelles pensionnaires, car M. Lavington était veuf et de plus *clergyman*. Il a même une onzième fille : elle est partie tout récemment pour la Californie, à la recherche d'un épouseur.

. . . .

Dans trois jours nous serons à Pâques. Les élèves sont dans le ravissement de leur âme... de leur âme est bien le mot, car leur gaieté est tout intérieure et telle qu'on doit l'éprouver pour avoir l'air d'une dame. Demain, *good friday* (vendredi saint), elles vont manger des *croos bunns* (gâteaux marqués d'une croix), et dimanche Dieu sait ce qu'elles mangeront!

. . . .

16 avril. — La joie la plus vive est au camp des demoiselles Lavington. On a reçu des nouvelles d'Alice, la sœur aînée. Partie seulement depuis trois mois, elle a trouvé à qui parler sur le bateau à vapeur et, en arrivant, elle épousera sa connaissance.

— C'est un bonheur inespéré, disait M. Lavington. Je pensais bien qu'un jour ou l'autre ma fille se tirerait d'affaire, mais je n'osais y compter pour sitôt.

. . . .

Décidément, il est écrit là-haut que je retournerai en France sans avoir pu me lier d'amitié avec une Anglaise. La seule qui me plût, — je t'en ai parlé dernièrement, — je l'ai revue dimanche chez mistress O'Brienne. Nous avons causé une heure ensemble et elle m'a paru de plus en plus aimable; mais, hélas! cette charmante Anglaise est... une Italienne.

Elle habite Londres depuis six ans et a pris assez les manières du pays pour tromper les yeux d'une nouvelle débarquée. Je suis heureuse de penser que je resterai à Londres trop peu de temps pour me métamorphoser ainsi.

. . . .

Le nombre des élèves diminue. C'est, dit-on, l'effet du manque de nourriture. Devant cette désertion générale, mistress Lavington a opéré une grande réforme : elle a renvoyé sa cuisinière.

C'est sur Katy, la bonne, que retombe tout le service. Pour surcroît d'ennui, la malheureuse a un panaris qui la fait beaucoup souffrir et lui ôte l'usage de la main droite.

Hier matin, elle vient dans ma chambre et me prie de vouloir bien la coiffer. Je me dispose à la satisfaire, et je remarque qu'elle ferme la porte avec soin.

— Vous avez donc peur qu'on ne vous voie, Katy ?

— Oh ! ce n'est pas pour moi, c'est pour Mademoiselle. Si on voyait Mademoiselle me coiffer, on n'aurait plus de respect pour elle.

La pauvre fille avait cherché en vain par toute la maison une bonne âme qui ne crût pas s'avilir en touchant la tête d'une domestique; et elle n'était venue à moi, une Française ! qu'en désespoir de cause.

. . . .

1er mai. — Mistress Lavington m'a prévenue ce matin qu'elle ne pouvait pas me garder. Il n'y a plus que onze élèves payantes. Elle m'a engagée à chercher une autre situation pour *midsummer* (vacances d'été), et m'a promis de bonnes *references* (recommandations).

Certes, j'étais loin de me trouver heureuse ici, et maintenant que je dois quitter la pension, je me prends à la regretter. Et puis, il va falloir recommencer cette recherche si pénible !

. . . .

15 mai. — Mon bonheur est plus grand que je ne l'espérais. J'ai une situation assurée pour le 1er août. Misses Martindale et Fairbrother m'ont engagée sur une lettre de mistress Lavington.

. . . .

4 août. — Voilà quatre jours que je suis chez miss Martindale; je dois avoir l'air d'une *english lady*. Il n'y a nulle comparaison possible entre la maison de miss Martindale et celle de mistress Lavington.

Je me trouve cette fois, je pense, dans une des pensions aristocratiques de Londres. Le prix est de 80 guinées (2,120 fr.), et les élèves font trois toilettes par jour. Maîtresses et enfants, toutes sont guindées, gênées, compassées, et j'ai toujours envie de chercher le fil qui fait mouvoir ces solennelles marionnettes.

Je tâche de me mettre à l'unisson, et il me semble que j'y parviens, mais qu'en pensent les autres ?

. . . .

15 août. — Je connais un peu mieux le personnel de l'établissement. Miss Martindale a trente-huit ans et des restes de beauté. C'est le type achevé de la femme comme il faut. Elle parle, marche et mange par ressorts, elle a le talent de sourire agréablement en vous disant les choses les plus désagréables.

Miss Fairbrother, son associée, est plus âgée de quelques années. Miss Fairbrother, vive et pétulante par caractère, est devenue lente et posée par bon ton. Elle nous quitte dans un mois pour se marier.

A seize ans elle avait pour suitor M. Witikins, *clergyman*, qui lui a fait faux bond pour en épouser une autre. L'infidèle vient aujourd'hui mettre à ses pieds ses cinquante ans, son cœur vœuf et ses dix enfants.

. . . .

3 septembre. — D'après son prospectus, miss Martindale ne peut prendre que seize élèves. Il y en a une âgée de dix-neuf ans et une de cinq. L'enseignement est encore ici forcément individuel, et la classe n'est guère mieux tenue que chez mistress Lavington.

On se promène longtemps, on mange longuement, on travaille peu. Chez mistress Lavington, on était mal nourri, mais on ne s'ennuyait pas si fort, moi du moins.

. . . .

1er octobre. — Il y a deux jours, je passais dans l'antichambre. Sarah, une enfant de dix ans, jouait avec une amie de sa taille qui était venue la voir. Tout à coup, j'entends Sarah dire : « Mademoiselle (avec ce roulement qu'il nous serait impossible d'imiter), miss Emma Smith. »

— Que voulez-vous, Sarah ? lui dis-je, et elle recommence :

— Miss Emma Smith.

Je réitère ma question.

— Elle *introduit* vous à elle et elle à vous, m'explique Isabella Brown, qui n'a pas sept ans.

Je commençai à comprendre. Je saluai, je dis quelques mots à l'enfant, et je la quittai en lui donnant une forte poignée de main. Je finirai par me former.

Par exemple, voici un point sur lequel j'espère bien ne me former jamais. Nous avons un square sous nos fenêtres, et près de nous une école de garçons. Vendredi Fanny Clough regardait par la fenêtre de la classe. Il était environ neuf heures, et les trottoirs du square étaient pleins d'écoliers. Je dis à Fanny de se retirer.

— Il y a un si joli poulain dans le square! me répond-elle.

— Est-ce à ce poulain que vous envoyez des baisers?

— Il n'y a qu'une Française qui soit assez bête pour penser que c'est à un poulain qu'on envoie des baisers! murmura miss Fanny; et je dus feindre de ne pas l'entendre. Miss Martindale m'aurait certainement donné tort et conseillé de me mêler de mes affaires.

. . . .

20 novembre. — Plus s'avance l'époque de mon retour en France, plus je me déplais en Angleterre. J'ai prévenu miss Martindale que je la quitterai à Christmas; elle n'a paru ni fâchée ni contente.

Elle m'a simplement répondu :

— Cela ne m'étonne pas. Les demoiselles françaises ne restent chez nous qu'une demi-année; après cela, elles en ont assez.

J'ai trouvé l'aveu un peu naïf.

Elle m'a demandé si je pourrais lui procurer une de mes amies pour me remplacer. Marie a-t-elle toujours l'intention de venir en Angleterre ? Il me semble que cette place lui conviendrait ; elle ne serait ni mieux ni plus mal qu'ailleurs. Ce que j'ai vu suffit pour me convaincre que c'est partout à peu près la même chose.

. . . .

17 décembre. — Dans huit jours je serai près de toi ; mon cœur bondit de joie à cette idée. Miss Martindale n'a jamais été si aimable que depuis que je dois la quitter. Il est convenu que Marie me remplacera, et elle ne cesse de me faire des recommandations à son adresse.

— Mademoiselle, dites bien à mademoiselle Marie qu'elle descende toujours quand la cloche sonne, à sept heures, — comme vous, parce que les autres demoiselles françaises ne descendaient jamais qu'à neuf heures, — comme nous; et de faire tout comme vous, de n'être pas longtemps à sa toilette, de donner des leçons d'une heure entière, et de toujours vouloir bien promener les demoiselles, — comme vous.

— Mais, madame, lui dis-je, vous étiez donc très-contente de moi ? Vous ne m'en avez jamais soufflé mot.

— Parce que vous auriez peut-être pensé que vous pouviez faire autrement.

Ne crois pas d'après cela, ma chère mère, que ta fille soit devenue en Angleterre le phénix des maîtresses, et rappelle-toi qu'il y a en France un vieux proverbe qui dit : « Dans le pays des aveugles les borgnes sont rois. »

EN BELGIQUE

EN BELGIQUE

UN MARIAGE A LA PHOTOGRAPHIE.

Il y a quinze jours, à Bruxelles, l'un des photographes à la mode reçoit la visite d'un jeune homme et d'une jeune femme, qui le prient de les portraire sur la même carte.

Leur accent révèle des Français appartenant aux provinces du nord, et l'œil exercé de l'opérateur n'hésite pas à reconnaître deux époux dans la lune de miel. Ils choisissent eux-mêmes la pose qui leur convient, s'asseyent sur un sopha, la main dans la main, et Monsieur se met à contempler *amoroso* Madame, qui baisse pudiquement les yeux.

L'œuvre terminée, l'artiste demande où il faudra adresser les épreuves. On lui répond qu'on les fera prendre, et on les envoie, en effet, réclamer à l'époque convenue. Quelques jours après, le jeune couple reparaît et se fait photographier de nouveau, mais dans une pose encore plus significative : le mari entoure de son bras la taille de la jeune femme et la presse tendrement sur son cœur.

L'opération achevée, nos époux étaient en train d'admirer leur double image parfaitement venue sur la plaque de verre, quand tout à coup on entend la voix et la toux d'un monsieur qui parlemente dans l'antichambre.

A cette voix, à cette toux, sans doute bien connues, nos jeunes gens poussent un cri et se sauvent dans un cabinet voisin.

Le photographe, stupéfait, voit alors entrer comme un tourbillon, — soufflant, toussant, crachant, — un gros monsieur rougeaud.

— Où sont-ils? où sont-ils? s'écrie le bonhomme.

— Qui?

— Ma fille Odonie, et son infâme suborneur!

Cette réponse est un trait de lumière, et, avec une présence d'esprit digne d'un collaborateur du soleil, l'artiste réplique :

— Je n'ai pas l'honneur de connaître mademoiselle Odonie, ni même son suborneur, et je m'étonne...

— Quoi! vous osez dire que vous ne connaissez pas vos clients!

Et le gros monsieur tire de sa poche un portrait-carte et le campe sous les yeux du photographe, qui cette fois n'a plus de doutes. Les prétendus époux sont deux amoureux qui ont pris la clef des champs.

Le nom du photographe était au dos de la carte : il devenait impossible de nier. Un maladroit eût perdu la tête et livré les coupables. « Voilà, se dit l'artiste, un père furieux; il va se passer ici une scène désagréable pour tout le monde. Le brave homme n'a pas l'air fort. Gagnons du temps. »

Puis tout haut :

— Il est bien vrai, monsieur, répondit-il avec calme, que cette photographie sort de chez moi; mais ce monsieur et cette dame ont envoyé payer et prendre les épreuves sans me laisser leur adresse.

— C'est bien. En ce cas, je vais aller la demander à la police.

— Et après?

Un autre à cette question eût reparti : — De quoi vous mêlez-vous? mais le gros homme débordait de colère : il s'épancha :

— Après ! je ferai coffrer le coquin, et je reprendrai ma fille.

Le photographe dressa l'oreille. Son nom allait sans doute être mêlé à un procès qui ne manquerait pas d'avoir du retentissement; et puis, il entrevoyait une bonne action à faire. Double raison d'intervenir.

— Veuillez vous asseoir, monsieur, dit-il, et causons. La police belge ne coffre pas si vite et d'ailleurs on se repent toujours, croyez-moi, d'avoir initié la police à ses affaires de famille. Peut-être arriverons-nous sans elle à découvrir la retraite des fugitifs.

Le bonhomme s'assit en s'essuyant le front.

— Et d'abord, monsieur, veuillez me dire comment ce portrait-carte est arrivé en vos mains ?

— Tout simplement par la poste, avec une lettre où ils imploraient leur pardon.

— Je comprends. C'était un ingénieux moyen de vous toucher le cœur.

— De me toucher le cœur ! allons donc ! vous voulez dire de me forcer la main. Dix de mes amis, monsieur, en ont reçu un pareil et me l'ont apporté, après l'avoir montré à toute la ville.

— Voilà un emploi de la photographie

auquel je n'avais pas pensé, fit l'artiste en réprimant une forte envie de rire. Eh bien! monsieur, que vous découvriez, ou non, leur refuge, permettez-moi de vous dire que ce que vous avez de mieux à faire, c'est de marier les coupables.

— Donner ma fille à mon premier commis! jamais!

— Avez-vous quelque reproche à lui faire touchant sa moralité?

— Un seul qui les vaut tous : le misérable n'a pas le sou. D'ailleurs, le père B..., de chez nous, a eu la même histoire avec sa fille. Il a refusé son consentement; le ravisseur s'est brûlé la cervelle de désespoir, et, cinq ans après, sa fille a trouvé à se marier avec un autre.

— Je félicite le père B..., sa fille et son gendre... son gendre surtout. Ce doit être un galant homme. Mais je vous ferai observer que votre cas est tout différent. Une aventure de ce genre peut s'oublier avec le temps, pourvu qu'il n'en reste pas de trace matérielle. Malheureusement ici... quand même il n'y en aurait pas d'autre...

— Eh bien?

— Il y a ce portrait-carte, dont on peut tirer des milliers de copies. Il suffit que votre commis en ait gardé un seul exemplaire.

Le gros monsieur se gratta le front.

— Diable! dit-il, de sorte que cette maudite photographie...

— Peut revenir de temps en temps rappeler à votre gendre, si vous en trouvez un...

— Si j'en trouve un... c'est vrai; car, maintenant, qui consentira?...

Le bonhomme réfléchit, puis ajouta :

— Combien leur avez-vous tiré d'épreuves?

— Douze.

— Il leur en reste une. Comment l'avoir?

Le gros monsieur promenait par la salle des regards interrogateurs. C'était lui-même qu'il interrogeait. Tout à coup, il avisa la plaque de verre, que l'opérateur regardait au jour.

— Qu'est-ce que je vois là? s'écria-t-il, n'est-ce pas un nouveau portrait des misérables? et il voulut saisir le cliché.

— Pardon, monsieur, ceci est mon œuvre, fit l'artiste en le sauvant de ses mains.

— Combien en voulez-vous ?

— Je vends mes photographies quinze

francs les douze épreuves. C'est un prix fait.

— Je vous donne vingt francs de cette plaque.

— Non.

— Trente, quarante, cinquante francs...

— Non.

— Cent !

— Impossible, monsieur. Je suis un honnête homme, et ce cliché est vendu par le fait de la vente des épreuves.

— Mais avant quatre jours toute la ville sera pleine encore une fois de ces damnées photographies ! Et ils vont recommencer là-bas à faire des gorges chaudes à mes dépens !...

Et le gros homme continua de se lamenter durant plus d'un quart d'heure, sans songer à conclure de la présence de la plaque toute fraîche à celle des coupables dans la maison. Il alla jusqu'à offrir mille francs du cliché compromettant.

— Je ne le laisserais pas détruire pour dix mille, monsieur, répondit le photographe, sentant qu'il tenait son homme. Ce n'est pas seulement affaire d'honnêteté, c'est aussi une question d'art. Savez-vous que cette plaque est fort belle ? J'ose même dire que c'est la plus belle qui soit encore sortie de mon objectif. Voyez comme ces lignes sont nettes et pures, comme ces teintes sont douces et se fondent harmonieusement ! Cela va donner le plus ravissant petit tableau ! Il est vrai que mademoiselle votre fille est charmante : elle tient de vous. Votre commis, il faut bien l'avouer, n'est pas mal non plus ; et ce serait vraiment dommage de ne pas faire le bonheur d'un aussi joli couple... d'autant plus qu'il n'y a pas moyen de faire autrement.

— Mais que dira le père B... ?

— Croyez-vous que sa fille soit fort heureuse ?

— Hélas ! non.

— En ce cas, rira bien qui rira le dernier. Voyons, un bon mouvement ! Pardonnez-leur !

— Pardonnez, pardonnez. C'est facile à dire. Encore faudrait-il avoir leur adresse.

La porte s'ouvrit, et les deux amants tombèrent aux genoux du gros monsieur, qui leur tendit les bras.

— Ne bougez pas, cria le photographe saisi par une idée triomphante. Il braqua son objectif et crac !... il en sortit le plus délicieux groupe qui se puisse voir... au jugement de nos quatre personnages.

— Vous enverrez là-bas une cinquantaine

d'épreuves, dit l'artiste ; voilà qui va mettre les rieurs de votre côté.

Et voilà comme, grâce à un photographe belge, M. X... a fait le bonheur de sa fille et passe, à l'heure qu'il est, pour un homme d'esprit dans la petite ville française de ***.

EN AFRIQUE

EN AFRIQUE

CHEZ LE CAID DE LA MEDJANA.

Il y a dix ans, nous dit alors le général L....., j'étais lieutenant-colonel au 37e de ligne, en garnison à Orléansville. Un jour du mois de mai, le commandant supérieur du Cercle, mon colonel et moi, fûmes invités à déjeuner par Si Henni, caïd de la Medjana, dont le père a combattu avec nous contre Abd-el-Kader. Si Henni était un chef de grande distinction, très-riche, très-instruit, très-brave et de plus marabout, ce qui veut dire faisant profession de sainteté.

Nous partîmes à cinq heures du matin, escortés par un *goum* ou troupe de cavaliers arabes ; nous eûmes bientôt franchi, à travers un pays splendide, les douze kilomètres qui nous séparaient du *bordj* ou château fort du caïd. A notre arrivée, vingt serviteurs s'emparèrent de nos chevaux et les conduisirent à l'écurie.

Si Henni nous attendait sur le seuil, à la tête de sa nombreuse famille. Il nous reçut avec autant de bonne grâce que de dignité. Il nous fit visiter sa demeure, composée de plusieurs corps de logis encadrant des cours carrées, puis, en attendant le déjeuner, il nous donna un spectacle tout à fait princier, celui d'une chasse au lièvre sans chiens et sans fusils.

Une cinquantaine de cavaliers formaient une enceinte d'environ un kilomètre de rayon. Au centre se tenaient des Arabes armés de *matraques*, petits bâtons recourbés à l'un des bouts. Les cavaliers marchèrent vers le groupe et rabattirent le gibier. Chaque fois qu'un lièvre passait à portée des Arabes, ils lançaient la matraque et manquaient rarement leur coup. En moins d'une heure, ils en tuèrent ainsi une demi-douzaine.

On rentra ensuite pour déjeuner. Si Henni se mit à table avec nous. Il ne toucha pas aux mets et se contenta de surveiller le service ; debout derrière lui son fils aîné le secondait dans cette tâche. Le repas, arrosé — pour nous seuls — d'un excellent vin de Bordeaux, était préparé mi-partie à la mode arabe, mi-partie à la française.

Vers la fin apparut un mouton rôti qu'un serviteur portait embroché dans une sorte de hallebarde et qu'il posa sur un immense plat de cuivre orné d'arabesques en repoussé. A l'imitation de nos convives, nous nous mîmes à le déchiqueter avec nos doigts, guidés par les conseils du caïd, qui nous indiquait les meilleurs morceaux.

Jamais d'ailleurs nous ne pûmes obtenir de Si Henni qu'il prît part au festin : telle est la loi de l'hospitalité arabe. A voir cette magnifique réception, ces soins empressés, ces mœurs patriarcales, ce nombreux cortége de parents, d'amis et de serviteurs aux costumes largement drapés, on se reportait involontairement aux temps bibliques d'Abraham et de Jacob.

Après qu'on eut pris le café, le caïd nous conduisit à l'entrée d'une tente où étaient accroupis une dizaine de musiciens jouant de la musette, du biniou, de la *kouistra* ou mandoline et d'une sorte de tambourin qu'on appelle le *derbouka*. Ce concert produisait une cacophonie épouvantable qui ravissait les Arabes et qu'il nous fallut applaudir par bienséance. Un chanteur nous régala ensuite d'une sorte de mélopée, puis un vieux cheik à barbe blanche termina la fête par le conte suivant que nous traduisait au fur et à mesure le fils du caïd qui, élevé au collége d'Alger, parlait le français comme sa langue maternelle.

« Sidna Aïssa (Jésus-Christ) rencontra un jour Chitan (Satan) qui conduisait quatre ânes pesamment chargés.

— Tu t'es donc fait marchand ? dit Sidna Aïssa.

— Oui, seigneur, et je suffis à peine au débit de ma marchandise.

— Ah !... et quel est ton commerce ?

— Un excellent commerce, seigneur. Tu vois ces quatre ânes : je les ai choisis parmi les plus forts de la Medjana. Le premier est chargé d'injustices...

— A qui comptes-tu les vendre, ô mon Dieu ?

— Au sultan... Le second porte les jalousies : c'est le lot des savants ; le troisième, les fraudes : c'est la part des marchands ; le quatrième, les ruses, les séductions, les perfidies, bref un assortiment complet de vices : le tout est pour les femmes.

— Mais tu fais là, Chitan, un infâme commerce !

— Bah ! qu'importe, pourvu que je gagne de l'argent !

Le lendemain, comme il disait sa prière, Sidna Aïssa fut interrompu par les jurons d'un ânier qui chassait devant lui quatre ânes aussi lourdement chargés que ceux de la veille. Il reconnut Chitan.

— Tu n'as donc pas vendu ton abominable marchandise ?

— Si fait. En une heure j'ai vidé mes paniers, mais ils ne m'ont pas rapporté tout le profit que j'en attendais.

— Quoi ! le sultan...

— Le sultan m'a fait payer par son kalifa, qui a retenu la moitié de la somme convenue.

— Mais les savants ?

— Les savants pour ne rien donner ont prétexté leur pauvreté ; les marchands ont prétendu que mes fournitures ne valaient rien et nous nous sommes mutuellement traités de voleurs...

— Et quant aux femmes ?

— Les femmes ont payé rubis sur l'ongle.

— Ah !... et qu'est-ce qui rend tes paniers si lourds ?

— Les douros qu'elles m'ont donnés, seigneur, et, comme j'ai un procès, je les porte au cadi ! »

Le conteur s'inclina et les Arabes sourirent légèrement. Quant à nous, nous fûmes vivement frappés du contraste de ces mœurs patriarcales avec cette violente satire de l'humanité qui montre le diable accumulant le produit de tous les vices pour satisfaire l'avidité d'un juge.

EN RUSSIE

EN RUSSIE

UNE LÉGENDE.

Un Russe de mes amis, un prince, cela va sans dire, — on est convenu à Paris que les Russes sont tous princes, — me contait l'autre jour l'opinion que ses paysans se sont faite de l'empereur Napoléon Ier.

C'est une légende, naturellement, et elle vaut bien celle que les Arabes ont composée sur Bounaberdi, sultan des Francs d'Europe

Que, comme un noir manteau, le Simoun enveloppe.

Jugez-en.

La journée finie, les paysans se réunissent d'habitude auprès de la maison du *staroste* ou intendant, et ils écoutent, avec un plaisir toujours nouveau, les récits du *krasnobay*, le conteur du village. Or, voici la légende que le krasnobay de Bounikovo, district de Shoreya, gouvernement de Vladimir, raconte sur l'empereur Napoléon Ier :

Quand les temps furent accomplis, Satan envoya son antechrist, nommé Bonaparte, pour lui conquérir le monde. Il le fit czar des Français, un peuple de diables qui habite plus loin que Moscou et Pétersbourg, plus loin que l'Allemagne, tout près des contrées, pleines de ténèbres, où l'on voit des géants, des hommes à deux têtes, et le monstrueux poisson qui porte la terre.

La mission de Bonaparte était presque terminée quand il vint chez nous. Il avait gardé les Russes pour la fin, parce qu'il en avait peur. Il s'abattit sur la sainte Russie comme un chasse-neige, et ne laissa que le désert partout où il avait passé.

Notre cher czar se mit à sa poursuite et il l'attrapa sur les bords de la Bérésina. Où trouver un châtiment capable de punir son insolence ? Notre czar aurait bien pu l'inventer seul, mais il disait : *Un esprit, c'est bien ; deux, c'est mieux*. Il rassembla donc tous les rois par là-bas, dans une grande ville, pour aviser.

Notre czar s'assit à la première place, sous les saintes images. Les princes allemands étaient groupés tout autour, comme des mouches le long du mur. Le roux Anglais se tenait près de la porte.

Le czar demanda à chacun son avis. L'un dit :

— Il faut l'emprisonner dans une île déserte.

— Il faut le brûler, dit un autre.

— Il faut le tuer d'un coup de canon, dit un troisième.

Alors notre czar se leva et dit :

— Il faut l'emprisonner dans une île déserte ; il faut le brûler, bourrer le canon de sa cendre et faire partir le coup, afin qu'il n'en reste pas trace sur la terre.

Tous les princes allemands s'inclinèrent. Le roux Anglais n'avait pas dit un mot.

La sentence fut mise sur-le-champ à exécution ; mais comme Bonaparte était l'antechrist, cela ne lui fit aucun mal. Il revint au bout d'un an avec plus d'audace encore que la première fois. On eut toutes les peines du monde à l'attraper ; puis le conseil se réunit dans le même ordre.

Le czar interrogea tout le monde ; personne ne souffla mot. Alors il prit la parole et dit :

— Il faut l'envoyer aux travaux forcés en Sibérie.

Les princes allemands s'inclinèrent en silence, et on allait exécuter la sentence du czar, quand le roux Anglais s'avança :

— Puissant czar, dit-il, je connais au bout du monde un lieu où il n'y a ni terre ni ciel, mais un espace vide pour le passage du vent. Ce lieu est gardé par une sentinelle qui touche aux deux bouts et qui bouche toute l'ouverture. C'est là qu'il faut mettre le czar des Français.

— Soit ! dit notre czar.

On y mit Bonaparte, et il y est encore.

EN PRUSSE

EN PRUSSE

LES SIGNAUX LUMINEUX DURANT LE SIÉGE DE PARIS.

I.

Les articles suivants ont paru dans le journal le *Pays*.

16 *octobre* 1870. — Y a-t-il vraiment des signaux lumineux? Il y a, disent certains journaux, un perroquet vert et rouge qui ameute les badauds en battant des ailes devant une lampe de ménage.

Ce perroquet peut être très-plaisant, surtout aux yeux des Prussiens ; mais il n'y en a pas moins des signaux lumineux. J'en ai vu, *j'en vois encore tous les soirs*, moi qui vous parle.

Écoutez mon histoire. Elle est un peu longue, mais je ne puis me dispenser de vous la narrer par le menu. Outre qu'elle renferme plus d'un enseignement, il faut qu'on sache qu'avant de me décider à l'écrire, j'ai fait tout ce qui était humainement possible pour n'avoir pas à la conter au public.

Les signaux en question fonctionnent chaque soir à des heures différentes, mais particulièrement de six à sept, devant mes fenêtres, qui donnent sur des jardins. Je ne vous dirai ni la rue ni le numéro de la maison, pour ne pas éveiller l'attention des coupables. J'ose encore espérer qu'à la suite de cet article on s'occupera sérieusement de les saisir.

Je remarquai la chose pour la première fois il y a trois semaines. Ne voulant rien faire à la légère, le lendemain, à la nuit tombante, je me mis en observation avec un mien ami dans mon cabinet. Les signaux reparurent, — de vrais signaux, clairs, évidents, crevant les yeux et forçant l'incrédulité la plus obstinée. Ils fonctionnaient aux mansardes de derrière d'une haute maison.

Nous allâmes le jour suivant à la recherche de la maison et, certains de l'avoir découverte, nous attendîmes l'apparition des signaux. Aussitôt qu'ils commencèrent leur jeu, nous nous rendîmes au poste le plus voisin, pour demander que des gardes nationaux de service voulussent bien venir vérifier le fait. Le capitaine, un vieux sceptique de l'école du perroquet, nous rit au nez et refusa de nous donner deux de ses hommes.

Nous nous rabattîmes sur un autre poste, où le sous-lieutenant nous confia deux gardes. Dans ces pourparlers l'heure avait passé et les signaux s'étaient éteints. L'un reparut à dix heures précises, accompagné d'un coup de feu, mais pour disparaître aussitôt. L'épreuve n'étant pas concluante, je renvoyai mes gardes nationaux en leur faisant des excuses.

Je ne me tins pas pour battu. Le lendemain, après l'exercice, je priai le capitaine, un lieutenant et l'adjudant de ma compagnie de vouloir bien venir chez moi. Il était six heures, les signaux entrèrent en danse et, au bout d'une demi-heure, mes chefs se déclarèrent convaincus.

Le capitaine voulut qu'on se rendît sur-le-champ chez le maire. Je proposai de remettre l'expédition au lendemain, affirmant qu'à notre arrivée les signaux et leurs auteurs auraient disparu. Il insista, je pris mon revolver et nous partîmes.

Le maire était absent. Un membre du comité de la défense nationale nous reçut à sa place. Il fallut le convaincre, puis un autre, qui se décida à nous accompagner avec un piquet de gardes nationaux. Tout cela nous fit perdre du temps, et, comme je l'avais prévu, à notre arrivée les oiseaux étaient envolés.

Les gardes nationaux, d'ailleurs, soit dit sans qu'on les fâche, sont les hommes qui conviennent le moins à ces sortes d'expéditions : ils font du bruit dans l'escalier avec les crosses de leurs fusils, ils discutent avec les gens de la maison, etc., etc. Les nôtres étaient venus pour saisir des signaux, ils voulaient qu'on leur servît les signaux : je ne les avais malheureusement pas dans ma poche.

Nous fouillâmes avec soin les deux derniers étages, nous montâmes jusque sur le toit; nous ne trouvâmes naturellement rien de suspect. Nous menâmes pourtant au poste, entre deux haies de curieux, cinq ou six personnes dont les réponses ne nous avaient pas paru bien nettes.

De ce nombre était la concierge, femme d'un Prussien, qu'elle donnait comme parti pour son pays et qu'on disait caché dans la maison. Interrogée par le maire, elle lui répondit de ce petit ton arrogant qu'affectent les Prussiens de Paris, si bien que ce magistrat se vit forcé de la remettre énergiquement à sa place. Néanmoins, comme on n'avait pris personne sur le fait, on relâcha tout le monde.

Nous revenions bredouille, mais je pensai que la leçon servirait et que, si nous n'avions pas saisi les coupables, nous aurions du moins gagné ce point de mettre un terme à leurs menées criminelles.

Le lendemain, les signaux reparurent, brillants, splendides, triomphants. Le sang me bouillonnait dans les veines.

Le jour suivant, en me rendant à l'exercice, je vis, fraîchement affiché, un avis du préfet de police qui recommandait de lui adresser tous les renseignements concernant les signaux lumineux. Un commissaire de police était chargé spécialement de ce service.

Je me dis que j'avais été bien bête de ne pas songer tout d'abord à cette fameuse brigade de sûreté dont j'avais tant admiré l'habileté dans Balzac. Je connaissais un peu M. de Kératry pour avoir été quelquefois au théâtre son voisin de stalle. Je lui écrivis.

II

Le lendemain, à six heures moins un quart, je reçus la visite de deux personnages mystérieux qui se présentèrent de la part de M. de Kératry. Je m'installai avec eux dans mon cabinet, et, en attendant l'apparition des signaux, je leur contai toute l'affaire. Les signaux parurent, et, au bout d'une demi-heure, les agents de la sûreté se déclarèrent satisfaits. La police tenait enfin de vrais signaux.

Ils m'annoncèrent qu'ils n'agiraient pas le soir même, et j'en fus enchanté ; mais ils ajoutèrent que l'expédition ne serait probablement pas faite par eux, et j'en fus surpris et désappointé. Ils me donnèrent pour raison que, le lendemain, ils n'étaient pas de service dans mon quartier.

Cette façon de promener les affaires d'agents en agents me sembla bizarre. Ce n'est pas ainsi évidemment que le service de la police secrète a été compris par Balzac et même par M. Gaboriau; mais je n'insiste pas sur ce point, n'étant pas de la partie.

Mes deux agents avaient uniquement pour mission de rédiger un rapport. Ils me promirent de m'envoyer ceux de leurs camarades qui seraient chargés de l'expédition. Je voulais en être pour conter la chose à mes lecteurs et aussi pour voir comment était fait le nez des bonshommes qui, depuis une douzaine de jours, se moquaient de moi avec une pareille insistance.

J'attendis un soir, deux soirs. Rien, et les signaux paraissaient toujours! Enfin, je reçus une lettre d'un des agents. Il m'annonçait qu'il avait adressé à ses chefs un rapport très-exact et n'avait plus ouï parler de l'affaire.

C'était justement le jour où le bruit courait dans Paris que le général Trochu devait lancer soixante mille hommes sur les Prussiens. Le soir, les signaux fonctionnèrent exceptionnellement jusqu'à onze heures. Je n'y tins plus.

J'écrivis de nouveau à M. de Kératry. Évidemment le rapport de l'agent T*** n'avait pas passé sous ses yeux. Était-il bien sûr qu'il n'y avait pas des Prussiens dans son personnel ?

Le lendemain matin, j'eus la visite d'un troisième agent qui me montra un second rapport sur l'affaire, avec ces mots : *à suivre*, signés de M. Claude, le chef bien connu de la police de sûreté. Le soir, visite de deux nouveaux agents qu'il fallut convaincre, comme les premiers.

Ceux-ci m'expliquèrent que n'étant de service que jusqu'à six heures, ils faisaient en ce moment une besogne supplémentaire. Je m'étonnai qu'il n'y eût pas des agents spéciaux, comme on pouvait le croire d'après l'affiche de M. de Kératry.

Il n'y avait sans doute pas davantage de commissaire chargé particulièrement des signaux lumineux, car, leur conviction une fois faite, mes deux nouveaux agents se rendirent chez le commissaire de police du quartier. Je leur recommandai de lui donner mon adresse. Moi seul pouvais le mettre bien au courant, et c'est de mes fenêtres qu'il devait le mieux observer les signaux.

Le jour d'après, ne voyant rien venir, j'allai flâner du côté de la maison suspecte. J'avisai deux hommes qui avaient l'air d'exercer une surveillance. Je leur emboîtai le pas. L'un d'eux se retourna vers moi et me dit :

— Je suis le commissaire de police. Êtes-vous en surveillance par ici ?

— Parbleu ! oui, monsieur le commissaire, et c'est vous que je surveille, par amour de l'art. Vous venez pour les signaux, mais ce n'est pas d'ici que vous pourrez les voir. Veuillez me suivre, je vous les montrerai, s'il en est encore temps.

Il n'était plus temps, et l'expérience dut être remise au lendemain.

Le commissaire fit sa besogne en conscience. Il revint le lendemain et le surlendemain pour s'entourer de tous les renseignements et se convaincre à loisir. Il fit même relever secrètement les noms de tous les locataires des mansardes. Un soir, son inspecteur vint nous dire : « Nous sommes *fumés !* Pendant que je surveillais la maison, il a parti à côté de moi un coup de sifflet, auquel a répondu un autre coup de sifflet venant d'en haut. »

Et cependant les signaux continuaient leur jeu avec une insolente tranquillité.

Le commissaire en conclut qu'il serait très-difficile, sinon impossible, de saisir les coupables. Il y avait, d'ailleurs, un moyen bien simple de mettre un terme à leur criminelle opération. C'était, en vertu de l'arrêté du général Trochu, d'intimer à la concierge l'ordre de ne laisser aux étages supérieurs de sa maison aucune lumière apparente.

Cela ne faisait pas du tout mon compte, mais je n'étais pas le maître. L'ordre fut donné le soir même, et le jour suivant... les signaux reparurent, et les deux derniers étages restèrent éclairés jusqu'à minuit.

A l'heure où je termine cet article, les signaux dansent devant mes yeux, et, comme à toute chose il y a un côté philosophique, j'en conclus que Balzac est un bien grand inventeur.

Après cela, si on avait pris la peine de saisir les coupables, on aurait ensuite eu celle de les relâcher. Paris est, dit-on, empesté d'espions, et on n'en a jamais fusillé qu'un seul, à qui certains journaux ont jugé patriotique de décerner une auréole de martyr.

Nos soldats se battent admirablement, mais les Prussiens savent *faire la guerre.* Voilà pourquoi ils sont sous les murs de Paris, et pourquoi nous ne sommes pas sous les murs de Berlin.

Des demi-armées et des demi-mesures,

telle est, en deux mots, la cause de nos revers.

P. S. — C'est égal, si M. Ed. Adam, le nouveau préfet de police, veut se donner le spectacle de mes signaux, je tiens une loge à sa disposition. On commence à six heures précises.

III.

18 *octobre* 1870. — Quelques heures après l'apparition de mon dernier article, je reçus la visite du commissaire de police de mon quartier. Il venait de réitérer à la concierge de la maison suspecte l'injonction de ne laisser voir aucune lumière aux étages supérieurs. M. le commissaire passa chez moi une heure durant laquelle, à part deux rapides éclairs, la maison resta obscure.

Une demi-heure après son départ, les signaux recommencèrent de briller. Ils ont continué hier soir avec cette audace particulière aux Prussiens et qu'encourage, il faut bien l'avouer, notre mollesse dans la répression.

Il est évident que les Prussiens ont à Paris un service de signaux admirablement organisé, et sans doute largement rétribué. Il ne suffit pas, pour leur faire une chasse sérieuse, des injonctions (dont on ne tient d'ailleurs aucun compte) d'un commissaire de police agissant sur un seul point d'après les indications d'un simple particulier.

Il est indispensable que la police de sûreté se donne la peine de découvrir les signaux lumineux, de traquer leurs auteurs et de les prendre en flagrant délit, afin qu'on les punisse avec toute la rigueur des lois militaires.

Aux yeux de la police cette question doit, à l'heure qu'il est, primer toutes les autres. Il est bon d'arrêter les malfaiteurs qui volent et assassinent en détail, il est mieux d'arrêter ceux qui travaillent lâchement et traîtreusement à mettre d'un seul coup deux millions d'hommes à la merci de leurs ennemis.

Pendant que des milliers de gardes nationaux attrapent gratuitement des rhumatismes à faire des factions et des patrouilles qui ne sont et ne peuvent être qu'un surcroît de précaution, n'est-il pas triste de penser que sur leurs têtes, tranquillement, impunément, des misérables manœuvrent à leur façon pour livrer Paris aux Prussiens ?

Si la brigade de sûreté ne suffit pas à lutter contre la bande d'espions de M. de Bismark, qu'on crée un corps spécial de chasseurs de signaux ; qu'on le compose d'hommes alertes, intelligents, résolus, sachant se déguiser au besoin, chaussés d'espadrilles et armés, non de fusils, mais de poignards et de revolvers. Qu'ils exercent leur surveillance, non en se promenant par les rues le nez en l'air (car des rues on ne voit pas les signaux), mais cachés dans certains observatoires qui ont vue sur les mansardes de derrière.

De là ils fondront sur les maisons suspectes, qu'ils auront bien étudiées à l'avance, et ils sauront prendre les coupables sur le fait. Ceux-là ne se payeront pas d'apparences, car ils auront vite appris que, lorsqu'on arrive trop tard, on trouve toujours la vieille bonne femme obligée, en train de faire de la charpie en compagnie de son perroquet, qui bat des ailes devant la lampe de ménage.

M. Claude ne sourira pas de mon idée quand, au lieu de m'envoyer des agents subalternes, que je perds mon temps à convaincre inutilement, il aura pris la peine de venir un soir, à six heures précises, dans mon cabinet, voir de ses yeux les Prussiens à l'œuvre.

21 *octobre* 1870. — Ne recevant pas de nouvelles de la préfecture de police, notre collaborateur a pris le parti d'adresser la lettre suivante à M. le général Trochu :

A M. LE GÉNÉRAL TROCHU, PRÉSIDENT DU GOUVERNEMENT, GOUVERNEUR DE PARIS.

Paris, le 19 octobre 1870.

Monsieur le Gouverneur,

Depuis un mois des signaux lumineux se font aux mansardes de la maison n°..., rue.. Ces signaux ont été vérifiés et reconnus tels par quelques-uns de mes amis, notamment par un rédacteur du *Gaulois*, qui l'a attesté dans son journal (numéro du 18 octobre 1870). Ils l'ont été en outre, par le capitaine, un lieutenant, l'adjudant et plusieurs hommes de ma compagnie (2e du 158e bataillon de la garde nationale).

M. le préfet de police ayant donné avis que tous les renseignements concernant les signaux lumineux doivent être adressés à la préfecture, je lui ait écrit deux lettres qui m'ont amené la visite de quatre agents de la sûreté.

Ces agents se sont déclarés convaincus et, sur leur rapport, le commissaire de police de mon quartier a été chargé de poursuivre l'affaire.

Après s'être convaincu à son tour de la réalité des signaux, ce magistrat a jugé qu'il était impossible de saisir les coupables. Il s'est donc contenté, en vertu d'un de vos arrêtés, d'enjoindre à la concierge de la maison suspecte de ne laisser paraître aucune lumière aux étages supérieurs. Les signaux n'en ont pas moins continué de fonctionner tous les soirs.

Or, bien que, pour mettre la police en demeure d'agir vigoureusement, j'eusse conté l'affaire en détail dans les nos du 16 et du 18 octobre du journal le *Pays*, il est évident pour moi que depuis lors on n'a tenté en rien de réprimer ou simplement d'arrêter ces menées criminelles.

Devant cette indifférence ou cette impuissance de la police, j'ai recours, monsieur le Gouverneur, à votre haute intervention, et vous prie de vouloir bien ordonner une sérieuse enquête, pour laquelle je serai heureux d'offrir mon appartement, situé rue.,. n°...

Dans l'espoir que vous jugerez convenable de donner promptement suite à une affaire qui intéresse au plus haut point la défense de la place de Paris, je vous prie d'agréer, monsieur le Gouverneur, etc.

Nous avons supprimé les indications de lieux pour éviter d'éveiller l'attention des coupables. Espérons que notre collaborateur aura enfin raison de ces fameux signaux constatés par vingt personnes, *dont six de la police, et que la police n'a pas empêchés*.

IV

28 *octobre* 1870. — Nous recevons, de notre collaborateur, la note suivante :

Le lendemain du jour où j'avais écrit au général Trochu, j'ai reçu la visite d'une personne employée à l'état-major du général Schmitz. Après s'être convaincu de la réalité des signaux, l'envoyé du général m'a annoncé que la maison suspecte allait être l'objet d'une active surveillance.

Le jour suivant, le chef de la police de sûreté, M. Claude, est venu me voir de son côté. Il est revenu le lendemain, et une surveillance non moins active a été établie par la préfecture. Depuis lors les signaux ont cessé de paraître.

Il est fâcheux qu'on n'ait pas mis la main sur les coupables. M. Claude m'a conté que, s'il n'était pas venu plus tôt, c'est qu'il avait reçu plus de *cent cinquante* lettres ayant le même objet, et qu'il avait dû procéder par ordre.

Raison de plus, ce me semble, pour créer le corps de chasseurs de signaux que je réclamais dans mon dernier article. Il est inadmissible que les cent cinquante dénonciations n'aient aucune raison d'être, et que cent cinquante personnes aient pris pour un jeu régulier de signaux le va-et-vient capricieux d'une lampe ordinaire.

N'est-ce pas le cas ou jamais de dire qu'il n'y a pas de fumée sans feu ?

Trois jours après la publication de cette note, le soir du 31 octobre, alors que, sous la conduite du commandant Jaclard et de son ami Ferré, une partie de mon bataillon venait de s'installer à l'Hôtel-de-Ville, je vis sur le toit de la maison suspecte un grand triangle lumineux d'un rouge vif, sans doute le triangle égalitaire, annonçant aux Prussiens le triomphe des futurs Communards. L'éclat en était tel que sans lorgnette je distinguais les hommes qui dressaient le transparent.

Ce phare sinistre brilla durant quelques minutes qui me parurent un siècle.

C'est probablement par ce moyen que, le

lendemain, à la première heure, avant d'avoir reçu les journaux de Paris, M. de Bismark put annoncer à M. Thiers les événements de la veille ; c'est ce signal, évidemment répété sur d'autres points, qui décida la rupture des négociations et acheva la ruine de la France.

Je fis part du fait au chef de la police de sûreté, et, comme les signaux continuaient de reparaître, je lui adressai durant quelques jours un bulletin, à la suite duquel il me dépêcha son secrétaire. A partir de ce moment, les signaux s'interrompirent encore une fois. Ils reparurent plus tard de loin en loin, mais je cessai de m'en occuper.

Après deux mois de lutte quotidienne, j'avais fini par me persuader, comme semblait le croire le commissaire de police de mon quartier, qu'il n'y avait rien à faire.

FIN.

TABLE

Imp. E. Heutte et Cie. à Saint-Germain

www.ingramcontent.com/pod-product-compliance
Ingram Content Group UK Ltd.
Pitfield, Milton Keynes, MK11 3LW, UK
UKHW020918180726
13838UKWH00002B/628